LA BATAILLE
DE BOUVINES

PIÈCES NOUVELLES DES DIFFÉRENS THÉATRES.

FALKLAND, pièce en 5 actes de M. Laya, membre de l'Académie, représentée sur le Théâtre Français le   novembre 1821............ 3 f.
LE FAUX BONHOMME, comédie en 5 actes et en vers, par M. Alexandre Duval, de l'Institut de France (Académie française) 3
FRÉDÉGONDE ET BRUNÉHAUT, tragédie en 5 actes, par M. Lemercier, auteur d'Agamemnon..................................... 3
LA DÉMENCE DE CHARLES VI, tragédie en 5 actes, par le même, devait être représentée sur le Second Théâtre Français. Deuxième édition.. 2 50
LES VÊPRES SICILIENNES, tragédie en 5 actes par M. Casimir Delavigne, troisième édition 2 50
MARIE STUART, tragédie en 5 actes, par M. Lebrun.......... 3
CONRADIN ET FRÉDÉRIC, tragédie en 5 actes, par M. Laidiaires....... 2 50
L'HEUREUSE RENCONTRE, comédie en 3 actes, en vers, par Planard, représentée à la Comédie Française....................... 2
L'ARTISTE AMBITIEUX, comédie en 5 actes, en vers, par M. Théaulon. 2 50
LES COMÉDIENS, comédie en 5 actes, en vers, par M. C. Delavigne, troisième édition 2 50
LE FLATTEUR, comédie en 5 actes, en vers, par M. E. Gosse...... 2 50
L'HOMME POLI, comédie, en 5 actes, en vers, par M. Merville...... 2 50
LE VOYAGE A DIEPPE, comédie en 3 actes, en prose, par MM. Wafflard et Fulgens... 2
L'INTRIGANT MALADROIT, comédie en 3 actes, par M. Picard....... 2
UN JEU DE BOURSE, comédie en 1 acte, MM. Picard et Vaflard........ 1 50
LE JEUNE HOMME EN LOTERIE, comédie en 1 acte par M. Duval..... 1 50
EMMA, OU LA PROMESSE IMPRUDENTE, opéra en 3 actes de M. Planard 2
LES VOITURES VERSÉES, opéra comique par MM. Dupaty et Boyeldieu. 1 75
LE MAITRE DE CHAPELLE, opéra de Alex. Duval.............. 1 50
LE SECRÉTAIRE ET LE CUISINIER, vaudeville en 1 acte, par M. Scribe 1 50
LA PETITE PROVENCE, vaudeville en 1 acte, par M. Désaugiers...... 1 50
UNE JOURNÉE A ROME, OU LE JEUNE HOMME EN LOTERIE, vaud..... 1 50
M. SENSIBLE, comédie-vaudeville, des mêmes Auteurs.............. 1 25
JODELLE, OU LE BERCEAU DU THÉATRE, vaudeville en 1 acte........ 1 50
LES DEUX SŒURS, vaud. de M. de Rougemont.................. 1 25
MARCHANDE DE GOUJONS, vaudeville en 1 acte................ 1 50
RIQUET A LA HOUPPE, vaudeville en 1 acte, par MM. Brazier et Sewrin. 1 25
LES BONNES D'ENFANS, vaud. en 1 acte, par MM. Brazier et Dumersan. 1 25
LE COIN DE RUE, vaud. en 1 acte, par MM. Brazier et Dumersan.... 1 25
LES FRANÇAIS EN CANTONNEMENT, vaud. en 1 acte, par M. Montigny.. 1 25
LES ERMITES, vaudeville en un acte.......................... 1 24
LE MANDARIN HOANG-POUF, folie, rôle à Potier, par M. Caigniez... 1
MARÉCHAL ET LE SOLDAT, vaudeville en 1 acte................. 1
LE DEUIL, vaudeville en 1 acte de M. Vsannaz................. 1
LE FRUIT DÉFENDU, vaud. par l'auteur de Femme à vendre......... 1 25
M. GRAINEDELIN, vaudeville en 1 acte de M. Paul de Kock........ 1 25
LE MONT SAUVAGE, OU LE SOLITAIRE, mélodrame en 3 actes de M. Pixérécourt....................................... 1
THÉRÈSE, drame en 3 actes, par M. Victor Ducange............. 1
LA SUÉDOISE, de M. Victor Ducange........................ 1
LE VAMPIRE, drame en trois actes, par M. Charles Nodier......... 1
LE DÉLATEUR, drame en 3 actes de MM......................... 1 50

LA BATAILLE DE BOUVINES,

OU

LE ROCHER DES TOMBEAUX,

MIMODRAME

En trois actes à grand spectacle.

Par MM***.

Mis en Scène par M. FRANCONI jeune,

Musique de M. Sergent; Décors de MM. Justin et ***. Ballet de M. Chap.

Représenté pour la première fois sur le théâtre du Cirque Olympique le 26 novembre 1821.

PARIS,

CHEZ J.-N. BARBA, LIBRAIRE,

Editeur des Œuvres de Pigault-Lebrun et de Picard,

PALAIS-ROYAL, DERRIÈRE LE THÉÂTRE-FRANÇAIS, n° 51.

1821

PERSONNAGES   Acteurs.

PHILIPPE-AUGUSTE, roi de France..... M. *De Lhomé.*
RODRIGUE........................ M. *Franconi jeune*
PIERRE D'AUXERRE, père de Rodrigue. M. *Charles.*
GALON DE MONTIGNI, amant d'Elma.. M. *Paul.*
LE DUC DE GODEFROI............. M. *Bailleste.*
ELMA, sa fille.................... Mme *Franconi.*
L'ARCHEVÊQUE DE SENLIS......... M. *Férin.*
MACARD, confident de Rodrigue....... M. *Bunel.*
ROLAND, confident d'Elma........... M. *Louis.*
ROMUALD, écuyer de Montigni........ M. *Victor.*
LE COMTE DE FLANDRES............ M. *Bassin père.*
OSMOMD, officier flamand............ M. *Lecointe.*
Deux Aides-de-camp du Comte de Flandres. } M. *Dumouchel.* / M. *Lagoutte.*
Un Factionnaire Flamand .... M. *Ahn.*

Officiers Français, Officiers Flamands, Troupes Françaises, Troupes Flamandes, Paysans, Paysannes.

LA BATAILLE DE BOUVINES,

MIMODRAME EN TROIS ACTES.

ACTE PREMIER.

Le théâtre représente un vallon ; au fond, on voit une longue chaîne de rochers.

SCENE PREMIÈRE.

Deux chevaliers entrent; ils précèdent Montigni, qui bientôt paraît, accompagné de deux autres chevaliers et de son écuyer. Les quatre chevaliers s'éloignent au moment où Montigni et Romuald se trouvent sur l'avant-scène.

MONTIGNI, ROMUALD.

MONTIGNI.

Cher Romuald, le moindre retard serait une faute, un malheur peut-être. Cette masse formidable de montagnes, couvre le camp des ennemis. Fiers d'un instant de triomphe, ces vainqueurs d'un jour jouissent, dans un insolent repos, du fruit de leur victoire ; mais que les ténèbres qui nous environnent encore, se dissipent, ce rempart est franchi et la mort va planer sur leurs têtes. Vaincue par mes prières, c'est au pied de cette montagne, loin de tous les regards indiscrets et jaloux, que la charmante Elma consent à se rendre; dans peu d'instants, je connaîtrai mon sort ; je vivrai pour adorer Elma ; ou, loin d'elle, et privé du seul bien qui m'attache à la vie, j'irai chercher au milieu des rangs ennemis, un trépas glorieux.

ROMUALD.

Vous n'y trouverez que la victoire ; elle est promise à vos armes, et déjà vos fidèles soldats sont impatiens d'aller l'arracher à l'ennemi.

MONTIGNI.

Ah! je partage cette noble ardeur, et bientôt vais marcher à leur tête ; mais que je connaisse au moins le sort que l'amour me réserve.... Chère Elma, qu'il me tarde de te voir !

SCENE II.

Les Précédens; *Les chevaliers qui avaient accompagné Montigni ; ces Chevaliers viennent recevoir les ordres de leur général.*

MONTIGNI, *aux chevaliers.*

Chers amis, que les mêmes succès et les mêmes périls rassemblent, qui, tant de fois m'avez donné les preuves de l'attachement le plus sincère, c'est à vous que je confie, pour quelques instans, la garde de cette enceinte. Que personne ne puisse y pénétrer. Moi, je vais donner des ordres pour l'attaque qui se prépare dans les plaines de Bouvines.

Montigni sort, suivi de Romuald ; les chevaliers s'éloignent en prenant chacun une direction différente.

SCENE III.

ELMA, ROLAND.

Roland paraît ; il précède Elma de quelques pas, et conduit des chevaux qu'il va attacher à un arbre.

Elma s'avance lentement.

ROLAND.

Quel temps et quels chemins !

ELMA.

Mon âme est saisie.

ROLAND, *à part.*

Dites à une femme qui n'est pas amoureuse de venir à cette heure, dans la forêt la plus épaisse... L'idée seule d'une semblable proposition la fera frémir, mais quand il y a là *(mettant la main sur son cœur.)* et là, surtout, *(portant la main à sa tête.)* le plus petit... le diable ne les intimiderait pas.

ELMA.

Sommes-nous enfin arrivés ?

ROLAND.

Ma foi, Madame, il faut avoir de bons yeux pour s'y reconnaître... Cependant, je crois que nous sommes au terme de notre promenade.

ELMA.

Montigni ne peut tarder à paraître.

ROLAND, *à part.*

Encore un singulier caprice ! Avoir un beau château, des appartemens superbes où l'on peut faire l'amour tout à son aise, et choisir pour rendez-vous un vrai coupe-gorge ! Cela peut être piquant, mais, à coup sûr, c'est moins commode. Et, si au lieu du seigneur de Montigni, nous allions voir paraître les ennemis ; moi, j'ai bien des armes, mais, pas la moindre envie de m'en servir.

ELMA.

Ah ! Roland, je sens trop tard, peut-être que j'ai fait une démarche imprudente.

ROLAND.

Imprudente... mieux que cela ; périlleuse... mais j'ai bien une autre inquiétude.

ELMA.

Eh bien !

ROLAND.

Le chatelain, vous ne le savez que trop, est méfiant... s'il s'aperçoit de notre absence, il pourra bien employer le moyen qui lui a réussi, lors de la dernière partie de chasse.

ELMA.

En effet, si...

ROLAND.

Il n'a qu'à lui prendre fantaisie de suivre son cheval. Le diable d'animal viendra tout droit ici, chercher son camarade.

ELMA.

Quelle idée !

ROLAND.

Il faut tout craindre d'un jaloux.

ELMA.

Tel que lui, surtout, et je me reproche... Mais non ; mon cœur est d'accord avec ma raison, et je brave la fureur de Rodrigue. Je ne lui ai rien promis, et j'ai juré aux genoux de ma mère expirante, que, si jamais un ordre cruel me forçait de donner ma main à un autre qu'au brave Montigni, à ce digne objet de son choix, je ne marcherais à l'autel que lorsque ce jeune chevalier m'aurait affranchie de mes sermens... O ma mère, pourquoi t'ai-je perdue au moment où j'avais tant besoin de ton appui généreux ! Déjà, avant ce moment fatal, mon père avait promis ma main au farouche Rodrigue : ma mère n'eût jamais consenti à cet hymen... En mourant, elle me laissait des biens immenses... Les obstacles disparaissaient pour Rodrigue. Je n'ose écouter les soupçons horribles qui s'élèvent dans mon ame, qui assiégent ma pensée depuis... Ah! Roland, si un crime affreux... La jalousie et l'ambition sont capables de tout.

ROLAND.

Ah! Madame, que dites-vous? Rodrigue est dur, injuste, envers ses vassaux; personne ne l'aime; on le craint, on le hait; mais rien n'a pu faire présumer jusqu'ici, qu'il ait forfait à l'honneur. N'est-ce pas un soldat de Philippe-Auguste?

Roland regardant vers le fond du théâtre.

C'est lui, c'est notre brave chevalier.

SCENE IV.

Les Précédens, MONTIGNI.

MONTIGNI.

Chère Elma! que cet instant tardait à mon impatience.

ELMA.

Devions-nous le désirer.

MONTIGNI.

Devons-nous le craindre?

ELMA.

Montigni... ma mère n'est plus.

MONTIGNI.

Que me rappelez-vous?

ELMA.

Une vérité terrible.

MONTIGNI.

Je tremble de vous interroger.

ELMA.

Et moi, je n'ose... Montigni.

MONTIGNI.

Doit renoncer à son Elma?

ELMA.

Mon père exige...

MONTIGNI.

Un sacrifice qui ne s'accomplira pas.

ELMA.

Que dites-vous?

MONTIGNI.

Je connais trop bien le cœur de mon Elma.

ELMA.

Et si cette Elma infortunée...

MONTIGNI.

Eh bien!

ELMA.

Devait obéir?

MONTIGNI.

Grand dieu!

ELMA.

Si Montigni tenait dans ses bras...

MONTIGNI.

Achevez.

ELMA.

La fiancée de Rodrigue?

MONTIGNI.

La fiancée de Rodrigue!

ELMA.

Hélas!

MONTIGNI.

Et c'est vous qui m'apprenez cette horrible nouvelle!... quoi vous n'avez consenti à revoir un malheureux que pour lui percer le cœur. Ah! vous aviez raison, nous ne devions pas désirer l'instant qui vient de nous réunir. Au moins, avant ce moment, l'espoir me restait encore; je m'abandonnais à ses illusions trompeuses: un mot, un seul mot a tout détruit. Cruelle, il fallait au moins me laisser mon erreur.

ELMA.

Calmez ce désespoir; croyez-vous mes chagrins moins vifs que les vôtres?

MONTIGNI.

Mais je m'abuse: j'ai trop légèrement soupçonné mon Elma, non, elle n'a point oublié que sa mère m'avait nommé son fils, que notre union fut toujours le plus cher de ses vœux... ah! pardonne, chère Elma, un reproche que l'excès du désespoir a pu seul m'arracher... non, tu n'es pas coupable... non, mon Elma n'est point parjure et sa main sera le prix de ma constance, de ma tendresse.

ELMA.

Le sort en ordonne autrement; victime obéissante, je dois fléchir sous sa loi. Je vous l'ai dit, cher Montigni, j'ai dû vous dire la vérité, mais vous n'en doutez pas, ma destinée a pu changer, mon cœur est resté le même. Forcée d'obéir aux ordres rigoureux d'un père, mon âme sera constamment unie à la vôtre, je le jure, et vous pouvez croire à ce dernier serment. Au lieu de m'accuser, mon ami, vous devriez me plaindre.

MONTIGNI.

Eh! quoi, Madame.

ELMA.

Enchaînée pour jamais à un homme dont les soins seront un supplice pour moi; dont la présence me rappellera sans cesse tout ce que j'ai perdu ; seule avec mes chagrins, dans la solitude profonde où je vais m'ensevelir, qui pourra me consoler de votre absence? Tout sera muet, insensible autour de moi. Mais vous, mon ami, jeté dans une carrière brillante, le tumulte des camps, l'amour de la renommée, les désirs de l'ambition auront bientôt effacé de votre cœur le souvenir de la malheureuse Elma. Allez, Montigni, soyez un des plus fermes soutiens du trône de Philippe Auguste, que l'univers retentisse du bruit de vos succès; qu'ils parviennent avec votre nom, jusqu'au sein de ma retraite, je goûterai encore quelques instans de bonheur, et je pourrai m'écrier avec un sentiment d'orgueil, ce héros a justifié l'amour dont je brûle pour lui.

MONTIGNI.

La gloire! Je l'aimais pour vous seule; sans vous la gloire m'importune : c'est la mort des héros que vous m'ordonnez d'aller chercher dans les combats et vous serez bientôt obéie.

SCENE V.

Les Précédens, ROLAND, *accourant*.

ROLAND.

Madame, je l'avais bien prévu...

MONTIGNI.

Que dit-il?

ROLAND.

Ces diables de chevaux.... le seigneur Rodrigue vient de ce côté.

MONTIGNI.

Rodrigue.

ELMA.

Fuyons.

MONTIGNI.

Ne craignez rien, Elma, Montigni est près de vous.

On entend du bruit, les Chevaliers qui accompagnaient Montigni, rentrent.

Un cheval traverse le théâtre et va se placer à côté de ceux d'Elma et de Roland.

Rodrigue paraît, les Chevaliers veulent en vain s'opposer à son passage.

SCENE VI.

Les Précédens, Chevaliers, RODRIGUE, MACARD.

RODRIGUE.

Montigni!... traître... Soldats, qu'on s'empare de lui.

ELMA.

Ah! seigneur, respectez ce chevalier: si vous êtes offensé c'est par moi seule.

RODRIGUE.

Vous, madame, la fiancée de Rodrigue, quitter, pendant la nuit, le palais de votre père! avez-vous donc oublié qu'aujourd'hui même les flambeaux de l'hymen vont s'allumer pour nous et qu'il doit m'être permis de vous demander compte d'une semblable démarche?

ELMA.

Montigni avait reçu mes sermens au lit de mort de ma malheureuse mère, il fallait qu'il m'en affranchît.

MONTIGNI.

Arrêtez, Madame, estimez assez Montigni pour ne pas le justifier.

RODRIGUE.

Nous nous verrons, chevalier.

MONTIGNI.

Je voulais épargner l'époux d'Elma... Rodrigue me défie, j'accepte le combat; dans une heure peut-être nous devons marcher à l'ennemi. Soyons d'abord fidèles à l'honneur de nos drapeaux, et jurons-nous, si le fer respecte notre vie, de nous revoir à l'issue de la bataille.

RODRIGUE.

Foi de Chevalier.

MONTIGNI.

Vous pourrez aisément me trouver; je marche dans les phalanges de votre père.

Montigni sort avec Romuald et les Soldats. Elma s'éloigne suivie de Roland.

SCENE VIII.

RODRIGUE, MACARD.

RODRIGUE.

Perfide rival, tu ne sortiras d'un combat terrible, que pour en supporter un plus terrible encore, où tu trouveras la mort.

MACARD.

Quoi! seigneur, au moment de jouir d'une fortune immense, d'être l'heureux époux de la plus jolie femme du monde, vous iriez hasarder votre vie dans un combat singulier.

La Bataille. 2

RODRIGUE.

Macard, est-ce bien à moi que tu oses tenir un pareil langage?

MACARD.

Oui, sans doute, c'est mon attachement pour vous qui me l'inspire. (*à part.*) Et surtout mon intérêt. (*haut.*) Est-ce que vous ne connaissez pas l'adresse et le courage de ce jeune imprudent, dont la présence seule dans nos rangs, fait naître une si grande frayeur parmi les ennemis?

RODRIGUE.

M'as-tu jamais vu trembler?

MACARD.

Mon dieu, non; mais le sort des armes est journalier; aussi j'ai toujours pensé qu'il valait mieux s'assurer de la victoire que de la disputer, je me suis fait là-dessus des principes dont je ne m'écarte jamais... Or, calculons : vous aimez beaucoup la fortune de votre future?

RODRIGUE.

J'adore Elma.

MACARD.

Sans doute; eh bien, si par hasard dans ce combat singulier, vous étiez... adieu tout espoir, Elma serait l'épouse de votre rival.

RODRIGUE.

Cette idée me révolte!

MACARD.

Et moi aussi.

RODRIGUE.

Mais je suis sûr...

MACARD.

Mon dieu! il ne faut qu'une distraction, un coup de maladroit... pourquoi courir cette chance, tandis qu'il est tant de moyens qui, sans être tout-à-fait dans les strictes règles de l'honneur, sont néanmoins plus sûrs et plus prompts.

RODRIGUE.

Macard...

MACARD.

Vous allez me dire qu'un chevalier, qu'un officier de Philippe Auguste... cela me paraît juste; mais, avant tout, il faut que vous soyez heureux, ne pourrions-nous pas, c'est-à-dire moi, sous prétexte du défi que vous avez porté, attirer notre chevalier dans quelque endroit écarté... et ma foi là......?

RODRIGUE, *avec indignation.*

C'est un assassinat que tu me proposes!

MACARD.

Non pas, c'est une vengeance légitime. Le jour paraît, la plaine se couvre de soldats, retournons au camp, et là nous concerterons...

SCENE VII.

Les Précédens, PIERRE D'AUXERRE entre à la tête de quelques soldats, il aperçoit son fils.

PIERRE D'AUXERRE.

Vous Rodrigue, vous, mon fils, en ces lieux, quand le signal des combats est donné, lorsque déjà le brave Montigni marche à l'ennemi ?

RODRIGUE.

Je vous suis, mon père : avant Montigni peut-être, je serai sur le champ de bataille.

(*On entend une fanfare.*)

PIERRE D'AUXERRE.

Philippe-Auguste s'avance à la tête de son armée.

Pierre d'Auxerre, suivi de Rodrigue et de Marcad, sort pour aller au devant du Roi.

SCENE IX.

Le théâtre se remplit de soldats français qui marchent en ordre, et précèdent le roi. Philippe-Auguste, armé de toutes pièces, et monté sur son cheval de bataille, est entouré de chevaliers. Il met pied à terre.

PHILIPPE AUGUSTE.

Chefs et soldats de mon armée, avant de franchir l'espace qui nous sépare de l'ennemi, je dois m'assurer que l'union, sans laquelle il n'y a point de force, règne entre tous mes frères d'armes. Des rapports, que je crois mensongers, mais qui, nombreux et souvent répétés, ont jetté le doute dans mon ame, m'obligent de m'adresser à votre honneur ; c'est lui seul que je croirai. On assure que plusieurs seigneurs, divisés par des intérêts particuliers, ont l'intention de se diviser encore lorsqu'il s'agit de l'intérêt de la patrie : Si ce malheur pouvait arriver, s'il se trouvait dans nos rangs un chef qui eût pu concevoir une pareille pensée, je voudrais qu'il eût au moins le courage de me le dire en ce moment ; ses sermens lui seront rendus ; notre valeur sera doublée, lorsque nous saurons que notre nombre est diminué. (*Tous les chevaliers font serment de fidélité.*) Dieu, je te remercie ; il n'y a point de traîtres dans l'armée de Philippe, à cet instant que je suis certain qu'un seul esprit anime mon armée, celui de la fidélité ; à cet instant où chacun a rempli son devoir, Philippe n'oubliera pas le sien.

A un signal du Roi, on apporte un autel. Philippe y dépose son sceptre et sa couronne.

PHILIPPE.

Généreux Français, s'il est quelqu'un dans vos rangs que vous jugiez plus digne que moi de porter le premier diadême du monde, je suis prêt à lui obéir. Mais, si vous ne m'en croyez pas indigne, suivez votre Roi, et songez que vous avez à défendre aujourd'hui, vos familles, vos biens, votre honneur.

Tous les chevaliers font un mouvement.

PIERRE D'AUXERRE.

Sire, le plus vieux soldat de votre armée vous parle ici au nom de tous les braves qu'elle renferme ; que la couronne vous demeure à jamais ; nous vous la conserverons contre tous aux dépens de notre vie.

TOUS LES CHEVALIERS.

Vive Philippe Auguste !

PHILIPPE.

La victoire nous attend à Bouvines. Marchons.

Toute l'armée défile.

Le théâtre change et représente le camp des Flamands ; à gauche, on voit une tente richement décorée ; c'est celle du comte de Flandres. Les factionnaires se croisent en se promenant.

SCENE X.

Plusieurs officiers entrent dans la tente du général ; il en sort bientôt, à la tête de son état-major.
On entend dans le lointain des fanfares guerrières.

SCENE XI.

Les Précédens, OSMON,

OSMON, *accourant.*

Seigneur, notre camp est environné d'ennemis. Ils occupent déjà le point que vous croyiez inattaquable. L'ennemi a franchi la haute montagne des roches. Venez ranimer le courage de vos soldats, ou je ne réponds pas du salut de l'armée.

Le comte de Flandres prescrit les dispositions nécessaires pour le combat, et se dirige avec une partie de ses troupes vers le point qu'il croit le plus menacé.

SCENE XII.

Un corps considérable de Flamands traverse le théâtre; poursuivi par les troupes de Philippe, l'ennemi voit avec désespoir approcher l'instant de la défaite: on fait de part et d'autre des prodiges de courage, Long-temps indécise, la victoire semble enfin favorable aux ennemis.

Plus ils éprouvent d'obstacles, plus les périls, les difficultés se multiplient, plus les Français ambitionnent l'honneur d'une si belle journée.

Le combat s'engage de nouveau des deux cotés, les combattans luttent d'intrépidité. La mêlée devient générale.

Pierre d'Auxerre, consultant plus son courage que ses forces, s'y précipite : assailli de toutes parts, déjà il fléchit. Il ne tient plus son cimeterre que d'une main mal assurée; il va succomber peut-être, lorsque Montigny qu'on a déjà plusieurs fois aperçu dans la mêlée, s'élance, et arrache Pierre d'Auxerre au péril qui le menace.

Rodrigue arrive presque au même instant sur le champ de bataille.

Rodrigue, en voyant le danger que court son père, s'écrie :

Dieu ! mon père !

Lorsque Montigni a remis Pierre d'Auxerre entre les bras de son fils, il s'éloigne à la tête de ses troupes.

SCENE XIII.

RODRIGUE, PIERRE D'AUXERRE.

PIERRE D'AUXERRE.

Mon fils, n'oublie jamais que c'est à Montigni que je dois la vie.

Rodrigue et Pierre d'Auxerre se mettent à la tête de leurs phalanges et sortent.

SCENE XIV.

Philippe-Auguste paraît ; il est engagé dans un combat singulier et terrible avec le comte de Flandres.

Les troupes de ce dernier arrivent de tous côtés.

Bientôt le roi de France, accablé par le nombre, ne va plus avoir aucun espoir de salut.

L'intrépide Montigni arrive à l'instant. Il a vu les dangers auxquels son souverain est exposé; il a tout bravé pour arriver jusqu'à lui. Un coup mortel allait atteindre le roi, il le détourne: mais, bien que son audace en impose aux ennemis, leur nombre doit bientôt rendre ses efforts impuissans; alors il agite son drapeau.

A ce signal, les troupes françaises arrivent, se pressent autour de leur roi. La fureur des combattans augmente à chaque instant, et, vainqueurs et vaincus tour-à-tour, ils laissent longtemps incertain le succès de cette lutte sanglante: enfin les Français triomphent: le comte de Flandres est fait prisonnier, et, au milieu du désordre, Montigni a reçu une blessure; il tombe sur l'avant-scène.

TABLEAU.

SCENE XV.

PHILIPPE, PIERRE D'AUXERRE, MONTIGNI, tous les Chevaliers.

PIERRE D'AUXERRE.

Généreux Montigni, c'est à vous que Rodrigue devra le bonheur d'embrasser encore son vieux père... Cette blessure...

MONTIGNI.

M'est chère; je l'ai reçue en combattant pour mon général pour un des preux chevaliers de Philippe Auguste.

PHILIPPE AUGUSTE.

Soldats, que ces drapeaux conquis sur l'ennemi soient déposés dans cette tente, que ce brave chevalier puisse se reposer sur les trophées de sa gloire.

Philippe donne le commandement du camp aux officiers de son état-major, monte à cheval et sort, suivi de ses chevaliers, du comte de Flandres, et des généraux qui viennent d'être faits prisonniers.

SCENE XVI.

Pierre d'Auxerre conduit Montigni dans sa tente, les factionnaires sont posés.

SCENE XVII.

RODRIGUE, MACARD, ils paraissent dans le fond.

MACARD.

Seigneur, allez au rendez-vous, je me charge du reste.

Rodrigue s'éloigne.

SCÈNE XVIII.

MACARD, la Sentinelle, ensuite ROMUALD.

MACARD, *s'approchant de la sentinelle.*

Dites donc, camarade, je voudrais parler au seigneur de Montigni; n'est-il pas dans cette tente?

LA SENTINELLE.

Oui.

MACARD, *allant pour entrer.*

C'est que j'ai là une lettre...

LA SENTINELLE.

On n'entre pas.

L'Ecuyer de Montigni sort de la tente et demande à Macard ce qu'il veut; celui-ci lui montre la lettre dont il est porteur.

ROMUALD.

Ce billet est pour le seigneur de Montigny?

MACARD.

Précisément.

ROMUALD, *prenant la lettre.*

Attendez ici la réponse.

L'Ecuyer va pour entrer dans la tente.

PIERRE D'AUXERRE.

N'entrez pas; votre maître repose.

ROMUALD.

C'est une lettre adressée au seigneur Rodrigue; on attend la réponse.

PIERRE D'AUXERRE.

Donnez.... l'écriture de mon fils!.... Portez cette dépêche au quartier royal, et dites à la personne qui vous a remis ce billet d'attendre.

Romuald sort, dit à Macard d'attendre, et s'éloigne.

PIERRE D'AUXERRE, *toujours dans la tente.*

Que signifie ce billet? que peut avoir Rodrigue de si important à dire au chevalier? la rivalité qui les a si souvent divisés existerait-elle encore? La lettre est cachetée; mais, n'importe, mon fils ne saurait avoir de secrets pour moi. Lisons; je ne puis résister à mon inquiétude.

Il lit.

« L'un de nous deux doit cesser de vivre; je vous attends au
» carrefour de l'ermitage. Je n'aurai d'autres témoins que Dieu
» et mon épée. »   RODRIGUE.

Qu'ai-je lu? quoi! Rodrigue n'a pas été arrêté par la pensée qu'il allait combattre celui auquel il doit les jours de son père. Et je souffrirais!.... non, ce combat est impossible. L'ingrat! s'il faut une victime à sa fureur jalouse, c'est moi qui veux m'offrir à ses coups.... oui; profitant du sommeil de ce jeune guerrier, couvert de son armure, je vais au fatal rendez-vous; mon fils entendra ma voix : il rougira de sa conduite, et dans son ami il embrassera le sauveur de son père.

Il rentre dans la tente de Montigni. On relève les factionnaires. Bientôt Pierre d'Auxerre, revêtu de l'armure de Montigni, paraît, la visière baissée, et annonce à Macard qu'il est prêt à le suivre; ils s'éloignent.

Le Théâtre change, et représente une vaste forêt, à droite, un ermitage construit dans le roc, au milieu du théâtre, un gros chêne dont les branches ombragent l'ermitage.

SCENE XIX.

L'ERMITE paraît, et s'avance sur le devant du théâtre.

Enfin le calme d'une nuit paisible a succédé au tumulte d'un jour de guerre. Le choc des armes, les plaintes des mourans, les cris de joie des vainqueurs ont troublé cette solitude, qui, depuis si long-temps, n'est visitée que par quelques fidèles. Ministre du ciel sur la terre, j'ai rempli la mission que sa miséricorde m'a confiée. J'ai vu le champ de bataille; j'ai vu des hommes expirans prêts à paraître devant toi, ô mon Dieu, je leur ai remis les fautes qu'ils avaient commises. Ta clémence sanctifiera-t-elle ce pardon? Au pied de cet autel, sur lequel j'ai prié pendant de longues années, je viens t'implorer; ô Dieu des Chrétiens, reçois avec indulgence les malheureux que la guerre a moissonnés.

Il se dirige vers son ermitage.

SCENE XX.

RODRIGUE.

A peine l'ermite est-il rentré dans sa demeure, que Rodrigue, enveloppé d'un large manteau, arrive lentement: il semble n'avancer qu'à regret; les ténèbres qui l'environnent, le silence qui règne autour de lui, font déjà naître dans son âme une sorte de terreur; sa démarche est chancelante, il croit entendre marcher, il frémit, il va devenir criminel, il s'arrête, il écoute encore, on vient à lui, son effroi redouble.

SCÈNE XXI.

RODRIGUE, MACARD, MONTIGNI.

Macard, qui précède de quelques pas seulement Pierre d'Auxerre annonce son arrivée à Rodrigue.

Rodrigue frémit.

Macard lui fait entendre que l'instant de frapper est arrivé.

Rodrigue porte avec effroi la main sur son poignard.

Macard lui dit de se placer derrière le chêne qui est au milieu du théâtre.

Rodrigue fait un pas, il recule; il avance encore pour s'éloigner de nouveau.

Enfin Pierre d'Auxerre paraît, Macard va au-devant de lui, le conduit au pied du chêne où le rendez-vous doit avoir lieu.

Pierre d'Auxerre suit Macard, il arrive près de l'arbre.

Aussitôt Rodrigue, excité par Macard, tire son poignard, le tient quelque temps suspendu sans oser frapper, un mouvement convulsif s'empare de lui, le coup mortel est porté, Pierre d'Auxerre tombe au pied de l'arbre.

RODRIGUE, *reculant épouvanté.*

Dieu! qu'ai-je fait?

MACARD.

Vous avez frappé votre ennemi, votre rival, rassurez-vous, tout est prévu, aucun soupçon ne saurait vous atteindre. Ce billet, que je vais déposer auprès du corps, nous mettra à l'abri de toute recherche.

RODRIGUE.

Mais non pas du remords... il est là, Macard!....

Macard dépose le billet auprès du corps, en se relevant il aperçoit l'ermite.

MACARD.

Fuyons, seigneur Rodrigue.

L'ERMITE.

Rodrigue en ces lieux!

RODRIGUE.

As-tu vu, Macard?..... il m'a nommé; l'as-tu entendu?

La Bataille. 3

MACARD.

Nous n'avons rien à craindre de lui.

Rodrigue semble fixé à la place qu'il occupe, par un pouvoir irrésistible, il n'ose faire un pas, son attitude est effrayante.
Macard, craignant d'être surpris, cherche à l'entraîner.
Rodrigue le repousse.
Macard insiste, Rodrigue cède enfin.
L'ermite, ne sachant à quoi attribuer le bruit qu'il vient d'entendre, quitte sa retraite, s'avance à travers les ténèbres jusqu'auprès de l'arbre, il heurte du pied le corps de Pierre d'Auxerre. Effrayé, il se baisse, et recule de terreur ; il se baisse encore, et le billet que Macard a déposé frappe ses regards, il s'en saisit.
Comme il va pour regagner son ermitage, un grand bruit se fait entendre, il jette les yeux autour de lui, qu'aperçoit-il ? un homme qui fuit épouvanté à travers la montagne, et que la justice, armée de son glaive exterminateur, poursuit.
Un rayon de lune frappe au même instant la figure de cet homme, l'ermite reconnaît Rodrigue.

TABLEAU.

Fin du premier Acte.

ACTE II.

Le théâtre représente une salle du château de Godefroi.

SCENE PREMIERE.

Elma, entourée de ses filles d'honneur, est assise à la droite du spectateur et occupée à broder une écharpe. L'inquiétude doit se peindre dans tous ses traits. Distraite et inattentive, elle jète, à chaque instant, les yeux vers l'extrémité de la galerie qui règne dans le fond du théâtre et que l'on aperçoit à travers les vitraux.

Godefroi est étendu dans un grand fauteuil, le coude appuyé sur une table qui est placée devant lui et sur laquelle est une lampe. Il lit la Bible.

C'est le tableau d'une veillée d'un vieux castel.

Une des femmes d'Elma pince de la lyre.

Une autre chante une romance qui d'abord n'attire pas l'attention de Godefroi, mais bientôt cependant il abandonne sa lecture pour écouter. Il lui semble que le poète a voulu peindre la situation d'Elma, il étudie dans les regards de sa fille, l'impression qu'elle éprouve en entendant ces vers. Elma, interdite, profondément émue, répand quelques pleurs qu'elle cherche à dérober aux regards de son père, mais son trouble la trahit, sire Godefroi jette alors sur elle un regard sévère.

ROMANCE.

Un noble preux, d'Ermance, jeune belle,
Reçut le don d'amoureuse merci ;
Mais las ! son père, en sa loi trop cruelle,
L'unit demain au sire de Couci.
Ah ! quelle nuit pour la triste victime !
Tout-à-coup, une voix inconnue au château,
Trois fois fait redire à l'écho :
Du fiancé n'accepte pas l'anneau,
Il unirait l'innocence et le crime.

Deuxième couplet.

Cette nuit-là, l'oiseau des noirs présages
Sembla pousser de plus lugubres cris.
Même la foudre, échappée aux nuages,
Frappa, dit-on, l'innocente brebis.

Dans la chapelle on traîne la victime;
Mais un spectre apparaît sur le seuil du caveau,
Et dit : l'autel cache un tombeau !
Du fiancé n'accepte pas l'anneau;
Il unirait l'innocence et le crime.

LE DUC.

Il est bientôt minuit. Le seigneur Rodrigue tarde bien à paraître. Le combat a dû être terrible! Mes inquiétudes augmentent à chaque instant.

ELMA, *à part.*

Et toi, cher Montigni... je n'ose interroger personne. Dieu! si un fer meurtrier.... Ah! cette idée me désespère.

LE DUC.

Elma, cachez-moi ces larmes et que le nom de Montigni... Rodrigue a ma parole, elle est sacrée.

ELMA.

Mon père, laissez-les couler, ces pleurs que m'arrache un triste souvenir et la perte d'un bonheur, dont je m'étais fait une si douce idée.

LE DUC, *l'embrassant.*

Ma fille, je ne veux que ton bonheur et plus tard tu l'applaudiras d'une soumission qui te parait aujourd'hui si pénible.

On entend sonner minuit à l'horloge du château.

Le Duc annonce que la veillée est terminée. Elma triste et les larmes aux yeux, s'approche de son père pour recevoir de lui le baiser du soir. Le Duc la presse sur son cœur, cherche à calmer sa douleur et la remet entre les bras de ses femmes. Elma s'éloigne en jettant encore un dernier regard vers la galerie.

Le Duc rentre dans son appartement.

Le fond du salon dont la plus grande porte est en vitraux, se trouve tout-à-coup éclairé par des éclairs rapides, précurseurs de l'orage. La foudre gronde. Les portes s'ouvrent avec fracas.

Rodrigue éperdu et craignant de jeter un regard en arrière, se précipite dans l'appartement, une lueur vient frapper sur les vitres de la galerie. Rodrigue regarde, il apperçoit la justice qui ne cesse de le poursuivre, il tombe anéanti.

SCENE II.

RODRIGUE, MACARD.

Qu'est-il devenu, je n'ai pu le suivre... dieu c'est lui... quelle imprudence. (*il s'empresse de le relever.*) La veillée est sans doute finie depuis longtemps, ainsi nous ne devons pas craindre d'avoir été aperçus.

RODRIGUE.

Ferme, ferme cette porte... Macard... on pourrait nous voir... on nous a vus peut-être...

MACARD.

Eh! non.

RODRIGUE.

Mes traits ne sont-ils point altérés?

MACARD.

Pas le moins du monde.

RODRIGUE.

Sur mes vêtemens... point de sang?..

MACARD.

Non.

RODRIGUE.

Mais, sur cette main... tiens... c'est de cette main que je tenais le poignard... elle est brûlante, ses mouvemens sont convulsifs.

MACARD.

Revenez à vous.

RODRIGUE.

Macard, est-ce que le front des meurtriers n'est pas empreint d'un signe ineffaçable... ce signe, ne le vois-tu pas là?

Il porte la main sur son front.

MACARD.

Vaine terreur.

RODRIGUE.

Non, ce n'est point une vaine terreur... mon crime ne saurait rester ignoré... un témoin... as-tu vu, au moment où me croyant poursuivi par la justice divine qui faisait étinceler sur ma tête son glaive exterminateur, je fuyais épouvanté... as-tu vu ce vénérable Ermite?

MACARD.

Que pourrait-il prouver? rien: le billet si adroitement placé par moi auprès du corps, éloigne tous les soupçons. Le chevalier déclare qu'il ne veut pas qu'on cherche à le connaître et vous savez que parmi nous les dernières volontés sont sacrées. Dans quelques heures la tombe renfermera notre secret, et ce serait bien le diable si le défunt en sortait pour le révéler. (*Deux heures sonnent. Effroi de Rodrigue.*)

RODRIGUE.

Des pas précipités retentissent dans cette galerie.

MACARD.

A cette heure...

RODRIGUE.

Qui oserait ?... un témoin de mon crime peut-être ?

MACARD.

Silence, seigneur, et hâtez-vous de rentrer dans votre appartement.

RODRIGUE.

Non, je veux connaître...

MACARD, *l'entraînant.*

Vous vous perdez.

SCENE III.

L'ERMITE, UN CHEVALIER.

L'ERMITE.

Il est nécessaire que je parle au Duc.

LE CHEVALIER.

Je n'ose me permettre à cette heure...

L'ERMITE.

Nommez-moi, il n'hésitera pas à se rendre en ces lieux.

Le chevalier entre chez le Duc.

SCENE IV.

L'ERMITE, seul.

Je ne puis douter de cette affreuse vérité; un chevalier jusqu'alors l'honneur de nos armes, s'est rendu coupable d'un lâche assassinat... Oui, j'ai reconnu Rodrigue; j'ai entendu le cri de la victime... Mon caractère parmi les hommes ne me permet pas la révélation de ce grand forfait. Je dois consoler, je ne dois point accuser. Laissons naître le remords dans l'ame de Rodrigue. Qu'il pleure longtemps son crime, qu'il espère la clémence du ciel.

SCENE V.

L'ERMITE, LE DUC, un Chevalier.

Le chevalier montre l'Ermite qui est resté plongé dans ses réflexions, et il sort.

SCENE VI.

LE DUC, L'ERMITE.

LE DUC.

C'est vous, mon père... Qui vous a fait, au milieu de la nuit, quitter votre paisible ermitage.

L'ERMITE.

Un événement malheureux.

LE DUC.

Expliquez-vous?

L'ERMITE.

J'étais depuis peu d'instans rentré lorsqu'un cri douloureux vient frapper mon oreille; c'était le dernier soupir d'un infortuné..... Effrayé, ému, par ces accens de mort, je descends au vallon; j'avais fait à peine quelques pas, lorsque je foule aux pieds le cadavre d'un chevalier. Saisi d'horreur, mes yeux s'attachent sur ce corps inanimé. Que vois-je!.. un poignard est resté dans son sein... le sang coule encore d'une large blessure; un billet est déposé près de lui; je m'en saisis, et j'arrive, éperdu, vous conjurer, Seigneur, d'accorder la sépulture à cet infortuné.

LE DUC.

Et ce billet?

L'ERMITE.

Le voici.

LE DUC, *après avoir lu.*

C'est un malheureux qui s'est donné la mort... obéissons à ses dernières volontés.

L'ERMITE.

Me suivez-vous?

LE DUC.

Oui, mon père... à l'instant même.

L'ERMITE.

Partons.

LE DUC.

Je vais faire prévenir le seigneur Rodrigue.

L'ERMITE.

Rodrigue?

LE DUC.

Il nous accompagnera.

L'ERMITE.

Non, Seigneur, les momens sont précieux. Quittons ces lieux. Dans quelques instans, nous serons de retour, nos montagnards m'attendent... Vous paraissez agité?

LE DUC.

Oui, je l'avoue, mon père, je ne puis me défendre d'un sentiment de terreur.

Ils sortent.

SCENE VII.

ROLAND, *une lanterne à la main.*

Que se passe-t-il donc dans le château. On va, on vient, les portes s'ouvrent, se ferment avec fracas. J'avoue que, peu hardi de ma nature, j'ai encore plus peur que jamais. Peur n'est pas le mot.... Je tremble (*coups de tonnerre, éclairs.*) Ah! il n'y aurait rien d'étonnant, que dans ce vieux château, des revenans... Ce ne serait pas la première fois... Tâchons de rejoindre la grande salle... j'ai moins peur quand je suis plusieurs que lorsque je ne suis qu'un... Si un fantôme paraît, on peut (*on entend du bruit.*) on peut... on peut... Je n'ai plus une goutte de sang dans les veines... En voilà un, il a au moins dix pieds... Il fait semblant de ne pas me voir pour mieux... (*Ici Rodrigue fait un signe d'horreur.*) Ah! je suis perdu. Fuyons...

La lumière lui échappe, elle s'éteint, et il fuit du coté opposé à celui par lequel arrive Rodrigue.

SCÈNE VIII.

RODRIGUE, seul.

Il m'est impossible de trouver un instant de repos! Mon crime est là !... Il m'est toujours présent, il me suit, m'épouvante... Les remords s'attachent à mon coeur pour le dévorer. Ah! cet état est horrible, insupportable! C'est un supplice anticipé; ce sont tous les tourmens des enfers réunis sur un seul mortel.

Rodrigue va pour sortir, Elma se présente, Rodrigue frémit involontairement; mais, bientôt il cherche à se remettre et veut sortir.

ELMA, *étonnée.*

Vous sortez, seigneur? ma présence paraît vous embarrasser.

RODRIGUE.

Qui peut vous faire croire?...

ELMA.

Craindriez-vous de nous apprendre quelque sinistre événement.

RODRIGUE.

Quelque sinistre événement.

ELMA.

La paleur de vos traits... cette agitation.

RODRIGUE.

La pâleur... Le combat violent que nous avons eu à soutenir hier.

ELMA.

Ah! Combien le métier des armes est souvent terrible! qu'il est à plaindre celui qui, même en combattant pour son pays, verse le sang de ses semblables.

RODRIGUE, *à part.*

Qui verse le sang!

ELMA.

Heureux, si vos mains ne se sont point trempées...

RODRIGUE.

Mes mains, dans le sang, ah! non, non.

ELMA.

Pourquoi n'avez-vous pas été le premier à venir nous annoncer la victoire remportée sur les Flamands. Mon père était impatient d'entendre de votre bouche les nombreux faits d'armes qui ont illustré nos guerriers dans cette journée mémorable.

RODRIGUE.

Forcé de me rendre au camp....

ELMA

Ah! sans doute, nos chevaliers ont fait des prodiges de valeur? le jeune Montigni...

RODRIGUE.

Montigni!...

ELMA.

Vous hésitez à me répondre... Serait-il blessé... un fer cruel...

RODRIGUE, *à part.*

Un fer assassin.

ELMA.

Ah! de grace, mettez un terme à mon incertitude, ce brave aurait-il succombé sur le champ de bataille... Vous vous troublez, Seigneur, le désespoir se peint dans tous vos traits... vous n'osez m'avouer....

RODRIGUE.

Vous avouer, quoi donc, Madame?

Ici la cloche de la porte du château se fait entendre.

La bataille 4

SCÈNE IX.

Les Précédens, ROLAND.

ROLAND, *accourant effrayé*.

Ah! Seigneur!

ELMA.

Explique-toi.

ROLAND.

A peine s'il me reste la force...

ELMA.

Qui vient d'entrer au château?

ROLAND.

Un mort.

ELMA ET RODRIGUE.

Un mort!

ROLAND.

Oui, les bucherons de la forêt apportent sur un brancard le corps d'un chevalier qui a, dit on, été assassiné cette nuit.

RODRIGUE.

Un Chevalier assassiné!...

ELMA.

Où est mon père?

ROLAND.

Avec les bucherons et l'ermite.

RODRIGUE, *à part*.

L'ermite!.. qu'ai je entendu!

Au moment ou il va pour sortir le Duc entre.

SCENE X.

Les Précédens, LE DUC.

RODRIGUE.

C'est vous, seigneur, je vous croyais, depuis long-temps retiré dans votre appartement.

LE DUC.

Un événement déplorable m'a obligé de me rendre dans la forêt.

RODRIGUE, *effrayé*.

Dans la forêt!

LE DUC.

Oui, au carrefour de l'ermitage.

RODRIGUE, *à part.*

Au carrefour de l'ermitage, je suis perdu !

Le Duc ordonne à sa fille de se retirer; elle obéit.

LE DUC.

Un chevalier vient de se donner la mort. On apporte dans cette salle son corps inanimé.

RODRIGUE.

Dans cette salle ! Et sait-on quel est ce malheureux ?

Le Duc lui montre le papier trouvé près du corps.

LE DUC.

Non; ce billet trouvé près de lui, nous impose la loi de ne pas chercher à le connaître. Il portait une armure de chevalier et nous allons lui rendre les honneurs funèbres dus à son rang. L'infortuné, peut-être laisse-t-il un père, une mère inconsolables de sa perte, il était peut-être la gloire et l'orgueil de sa patrie.

RODRIGUE.

Et peut-être une main criminelle...

LE DUC.

Ce serait au glaive des lois à frapper le coupable.

RODRICUE.

Si on parvenait à le découvrir.

LE DUC.

Les grands criminels se trahissent toujours eux-même, leur voix, leurs gestes, leur maintien, jusques à leurs regards qu'ils n'osent fixer sur personne. Voilà des indices qu'ils ne peuvent faire disparaitre.

SCENE XI.

On vient annoncer au Duc que les bucherons apportent le corps. Rodrigue veut s'éloigner.

RODRICUE, *au Duc.*

Permettez, seigneur.

LE DUC.

Restez près de moi, cher Rodrigue ; j'ai fait prier tous les chevaliers qui sont au château de se rendre dans cette salle.

SCENE XII.

Les Précédens, les Bucherons, Chevaliers.

Les Bucherons déposent le brancard et ils sortent.

SCENE XIII.

LE DUC, Les Chevaliers.

LE DUC, *se retournant vers les chevaliers.*

Mes amis, vous le savez, les derniers devoirs ne peuvent être rendus aux restes inanimés de ce chevalier, que lorsque prosternés dans le temple nous aurons adressé, pour lui, nos prières au ciel. Tous les chevaliers doivent, en attendant ce moment, veiller tour à tour auprès du corps. Qui désignez-vous pour passer la première heure ?

L'ERMITE.

Est-il un chevalier qui soit plus digne que le seigneur Rodrigue d'un pareil honneur ?

RODRIGUE.

Moi ! ah souffrez qu'un autre...

LE DUC.

C'est un devoir religieux, dont vous ne sauriez vous défendre.

Le Duc sort suivi de tous les Chevaliers.

SCENE XIV.

RODRIGUE, *seul, s'éloignant avec horreur du brancard.*

Quelle horrible situation ! l'assassin forcé de veiller près de sa victime... c'est à moi !.. est-ce bien à moi qu'on a confié la garde de... à moi qui ai tari dans ses veines les sources de la vie, lorsque deux heures avant il avait sauvé mon père... mais ne voulait-il pas me ravir l'épouse qui m'était destinée. Rival heureux, n'était-il pas aimé d'Elma ? ne m'avait-il pas insulté ? Malheureux ! il fallait le combattre et non l'assassiner. Mais le premier, n'a-t-il pas troublé mon existence, jeté dans mon cœur le poison de la jalousie... il a mérité son sort et j'ai dû frapper un ennemi dangereux... bannissons d'inutiles remords.. perfide Elma ! tu ne reverras plus ces traits charmants qui portaient le trouble dans tes sens... ah ! que ne peux-tu les contempler encore... tu les verrais livides... épouvantables... tiens, vois cet amant adoré... rassasie tes regards et... (*Il lève la visière tout en parlant, il regarde et reconnaît son père.*) Mon père!... quoi... malheureux, c'est dans le sein de ton père qu'un poignard... par ta main... ah! fuyons! la terre n'a pas d'abimes assez profonds pour m'engloutir.

Les cris de Rodrigue ont répandu la terreur dans le château. Les Chevaliers le Duc arrivent : ce mouvement doit être rapide, tous les regards se portent sur Rodrigue En vain il veut cacher son trouble Au milieu de l'effroi général, Elma arrive : l'armure du chevalier dont le corps est déposé sur le brancard, la frappe, elle la reconnaît pour celle de Montigni et elle s'écrie avec un accent étouffé par les larmes et la douleur de manière que personne ne puisse entendre dire : «Montigni!

Plus le Duc et les Chevaliers engagent Rodrigue à rester et cherchent à calmer son trouble... plus il s'éloigne du brancard.

Tout le monde sort, Rodrigue, se précipite vers le fond du théâtre pour suivre les Chevaliers.

L'Ermite l'arrête sur le seuil de la porte, le saisit par le bras; le ramène près du brancard et lui dit d'une voix Tu resteras ici, c'est le commencement de ton supplice.
L'Ermite sort.
Un roulement sourd se fait entendre: quand il est fini, un coup de tamtam est frappé. Rodrigue épouvanté s'éloigne du brancard.

TABLEAU.

Fin du second acte.

ACTE III.

Le théatre représente un riche palais dont les portiques ouverts laissent apercevoir une des places de la ville.

SCENE PREMIERE.

Le son des instrumens guerriers se fait entendre de toutes parts. C'est l'annonce de l'entrée triomphale de Philippe Auguste; de nombreuses légions ouvrent la marche, elles sont suivies de phalanges formées de chevaliers. Philippe Auguste entouré d'un brillant cortège paraît enfin. Il est sur un char; à sa suite marchent enchaînés Othon IV et le Comte de Flandres.

Philippe Auguste descend de son char de victoire et va occuper un trône dressé au fond du théâtre.

Toutes les troupes défilent devant le Roi.

BALLET.

A peine le ballet est-il terminé qu'on aperçoit une femme à l'entrée du palais.

PHILIPPE.
Quelle femme précipite ses pas vers ces lieux ?

SCENE II.

Les Précédens, ROLAND, ELMA, dans le plus grand désordre.

PHILIPPE.
La fille de Sire Godefroi!

ELMA.
Sa fille infortunée.

Elle fléchit le genou.

PHILIPPE.
Relevez-vous, jeune Elma, et approchez; la fille d'un preux chevalier ne saurait être trop près de moi.

ELMA.

Ah permettez que je ne quitte pas les genoux de votre majesté, sans avoir obtenu...

PHILIPPE.

Une grace, je suis prêt à vous l'accorder.

ELMA.

Non Sire, je demande justice.

PHILIPPE.

Justice? Expliquez-vous.

ELMA.

Sire, un grand crime vient d'etre commis. (*Ici Philippe descend de son trône et vient auprès d'Elma, tous les chevaliers les entourent.*) Cette nuit, un des plus fidèles sujets de Votre Majesté, le brave Montigni...

PHILIPPE.

Eh bien ?

ELMA.

A été assassiné.

PHILIPPE.

Assassiné!

ELMA.

Près de l'ermitage du vallon.

PHILIPPE.

Et quelles preuves ?

ELMA.

Ce cartel adressé par Rodrigue à Montigni.

PHILIPPE.

Où l'a-t-on trouvé ?

ELMA.

Mon père avait fait transporter au château les restes inanimés de cet infortuné chevalier pour lui rendre les derniers devoirs. Les chevaliers qui entourent le duc n'ont pas suivi votre majesté, Montigni leur était inconnu; mais, aux cris d'horreur que fit entendre Rodrigue qu'on avait placé pour veiller auprès du corps, je suis accourue j'ai reconnu les armes et les couleurs du malheureux Montigni.... Mon écuyer a aperçu un papier dans sa ceinture ; c'est le cartel que vous tenez...

PHILIPPE.

Ce cartel semble annoncer que Montigni a succombé dans un combat singulier.

ELMA.

Il a été frappé avec un poignard.

PHILIPPE.

Mais quel sujet de haine ?...

ELMA.

L'un et l'autre, ils aspiraient à ma main.... Montigni était cher à mon cœur, et mon père m'ordonnait de prendre Rodrigue pour époux... Sire, n'en doutez pas, il l'a assassiné : il ne l'eût pas vaincu les armes à la main.

PHILIPPE.

L'accusation est grave, elle sera sévèrement examinée ; vous n'aurez pas vainement réclamé mon appui, si la vérité confirme de pareils soupçons.

ELMA.

Et demain, aujourd'hui peut être, je serai forcée de suivre ce monstre à l'autel, car personne ne le soupçonne encore... J'ai voulu voir votre majesté avant de faire connaître à qui que ce fût l'horrible vérité... Rodrigue est tout-puissant dans la contrée, et si votre justice ne le frappe pas...

PHILIPPE.

Calmez votre douleur, Madame, et croyez que le meurtre du brave Montigni...

SCENE III.

Les Précédens, MONTIGNI, tous les chevaliers l'apercevant.

UN OFFICIER.

Le chevalier Montigni.

PHILIPPE.

Montigni !

ELMA.

Montigni !

Montigni vient saluer le Roi, tous les chevaliers l'entourent et lui donnent des marques du plus vif intérêt. Mais quel est son étonnement lorsqu'il aperçoit Elma.

MONTIGNI !

Elma, vous en ces lieux...

ELMA.

Ah ! Montigni !.... quoi, c'est vous ? mes yeux ne me trompent-ils point ?

PHILIPPE.

Quel est donc ce mystère ? Chevalier, la jeune Elma assure qu'un preux, portant votre armure, a été assassiné cette nuit dans la forêt.

MONTIGNI.

Un chevalier couvert de mon armure !

ELMA.

Oui, Seigneur, jugez de mon trouble : de mon désespoir lorsque ce billet, trouvé dans sa ceinture, est tombé entre nos mains... je venais implorer la justice du monarque, demander la punition de votre assassin ; je vous revois, mon courroux expire et mon bonheur renait.

MONTIGNI, *lisant le billet.*

Un défi qui m'est adressé par Rodrigue ! Sire, ce billet ne m'a point été remis ; j'en jure par l'honneur.

PHILIPPE.

Quel est donc celui de nos guerriers qui a succombé sous un fer assassin ? comment votre armure...

MONTIGNI.

Je ne puis concevoir... Hier après le combat, où j'avais reçu une blessure légère, retiré dans la tente de mon général, je me débarrassai de mon armure pour me livrer au sommeil, et ce matin, forcé d'aller prendre le commandement de la garde du camp, je ne l'ai pas trouvée.

PHILIPPE.

Qui donc s'en est revêtu ? Je ne sais que penser. (*à un officier*), qu'on fasse venir Pierre d'Auxerre.

MONTIGNI.

Pierre d'Auxerre ! Sire, je le croyais auprès de vous. Il a quitté le camp vers minuit, et, depuis ce temps, nous ne l'avons pas revu.

PHILIPPE.

C'était l'heure indiquée par ce cartel. Quelle horrible lumière ! Elma, retournez près de votre père, et ne redoutez rien de Rodrigue, Philippe veille sur vous. Plus de doute : c'est le malheureux Pierre d'Auxerre qui a reçu le cartel que son fils vous adressait, et il a voulu prévenir le crime, sauver son libérateur.

MONTIGNI.

Rodrigue a cru frapper son rival.

PHILIPPE.

Et le monstre a assassiné son père !

MONTIGNI.

Son père !...

PHILIPPE.

Le crime et toute son horreur sont maintenant connus ; la vengeance sera prompte et le châtiment terrible ; qu'un détachement se tienne prêt à marcher : le parricide que la justice céleste a déjà frappé, n'échappera pas à la justice humaine.

La Bataille.

Le theatre change et représente la grande cour du chateau de Godefroi, au fond, à droite, on voit le portique d'une chapelle.

SCÈNE IV.

RODRIGUE, *sortant de la chapelle.*

Je ne puis supporter l'horreur qui m'environne. Ah! cachons mon crime à tous les yeux; qu'il reste à jamais ignoré, que l'Ermite lui-même, qui rend en ce moment les derniers devoirs à ma victime, ne découvre jamais l'affreuse vérité.

SCENE V.

Le père Philippe, Godefroi, ses chevaliers et tous les habitans du chateau sortent de la chapelle. Rodrigue est près du Duc; une sombre terreur donne à sa physionomie quelque chose de sinistre. Il porte sur ceux qui l'entourent, des regards inquiets, scrutateurs. Macard le rassure, Rodrigue, qui ne voit sur tous les visages que cette douleur résignée que les hommes éprouvent lorsqu'ils viennent de rendre un de leurs semblables à la terre, commence à espérer l'impunité.

LE DUC.

Allez mes amis, que les restes de ce chevalier soient déposés sur le rocher des tombeaux.

MACARD, *bas à Rodrigue.*

Pressez votre union avec Elma: vous vous assurerez ainsi la protection et les secours du seigneur Godefroi, si jamais...

LE DUC.

Quelle impression douloureuse et profonde, cette cérémonie religieuse vient de faire sur mon âme?

RODRIGUE.

Plus que vous, elle m'a troublé! me serait-il permis, seigneur, de vous rappeler que ce jour commencé sous de si tristes auspices, doit éclairer mon bonheur, vous avez solemnellement promis qu'aujourd'hui même la main d'Elma...

LE DUC.

Quoi! Chevalier, aux feux encore mal éteints, des torches funèbres, vous voulez allumer les flambeaux de l'hymen?

RODRIGUE.

J'ai votre parole.

LE DUC, *avec peine.*

J'y serai fidèle.

Le Duc sort, Rodrigue veut le suivre, mais l'Ermite qui a entendu leur conversation, arrête Rodrigue et le ramène sur l'avant scène.

SCENE VI.

L'ERMITE, RODRIGUE.

L'ERMITE.

Rodrigue, le repentir n'a-t-il aucun accès dans votre âme, avant de penser à un hymen que vous devriez rejetter, lavez-vous par la pénitence, du sang dont je vous vois couvert

RODRIGUE.

Vieillard, tu ne sais pas tout. Va, crois-moi, ne perds pas tes paroles sacrées ; la pénitence ne saurait effacer mon crime.

L'ERMITE.

Ne désespérez pas de la miséricorde du ciel : suivez avec confiance la voie qui vous est offerte, fuyez ce monde où vous ne sauriez plus vivre. Oubliez un amour qui ne peut, qui ne doit jamais être heureux; repentez-vous, et tout espoir n'est pas perdu : votre forfait est bien grand, mais la bonté du ciel est infinie.

RODRIGUE.

Non, je n'ai d'espoir que dans le néant, dans la mort, dans le châtiment qui m'attend. Vous qui m'engagez à fuir, avez-vous fait connaître l'assassin? venez-vous m'annoncer mon arrêt?

L'ERMITE.

Mon fils, je n'ai point parlé de punition, mais de pardon, de pénitence; votre secret ne sortira pas de mon sein, nos devoirs et notre foi m'ont donné le pouvoir de diriger les coupables dans le sentier de l'espérance et de la vertu. C'est un ministère de consolation que je viens remplir auprès de vous.

RODRIGUE.

Je te le répète, vieillard, tu ne connais pas encore l'horreur qui m'environne... retire-toi... retire-toi.

L'ERMITE.

Rodrigue, écoutez-moi, l'hymen que vous allez contracter ne sera point approuvé de Dieu : le crime ne peut s'unir à l'innocence, oserez-vous présenter à votre épouse une main homicide!... un crime... n'est-ce donc point assez pour vous?

RODRIGUE, *avec agitation.*

Retire-toi! retire-toi!.... je crois entendre sortir de ta bouche l'arrêt de la divinité; tu m'épouvantes!

L'ERMITE.

Rodrigue!

RODRIGUE.

Ne vois-tu rien? regarde : il est là.... écoute.... il me désigne... il m'appelle... ne vois-tu pas? C'est un spectre, une divinité infernale : son front est voilé; son corps semble enveloppé de nuages de feu.... il vient obtenir vengeance.

L'ERMITE.

De qui? grand Dieu!

RODRIGUE.

De son assassin! c'est ma victime.... oui; mais quelle victime!

L'ERMITE.

Comment?

RODRIGUE.

Tiens, regarde.... mais regarde bien... ne reconnais-tu pas mon père?

L'ERMITE.

Et c'est vous?...

RODRIGUE.

Oui!.... moi!... moi!...

L'ERMITE.

O crime horrible! ah! la justice divine n'a pas assez de foudres pour écraser un coupable tel que toi! Fuyons ces lieux; l'air qu'on y respire est empoisonné. Le regard d'un parricide donne la mort.

RODRIGUE, *avec fureur et désespoir.*

Oui, je le sens, ce jour sera le dernier de ma vie; mais Elma me suivra de l'autel au tombeau.

Il sort.

SCENE VII.

MONTIGNI.

Malgré les ordres du roi, je veux épargner à Rodrigue le honteux supplice qui l'attend... je le combattrai; il tombera sous les coups d'un chevalier (*On entend une musique religieuse.*) D'où partent ces sons religieux?... que vois-je?... Rodrigue et Godefroi conduisant Elma... le ministre des autels et le peuple les suivent. Le monstre voudrait-il profiter des derniers instans qui lui restent pour déshonorer une famille?...

Je ne dois plus écouter que mon indignation, la mort que je lui réservais était trop belle. Qu'il subisse le juste châtiment qu'il a mérité !

Montigni ordonne à ses Chevaliers d'entrer dans la chapelle, il les suit.

SCENE VIII.

Rodrigue donne la main à Elma, sire Godefroi est près de sa fille, et entouré de Chevaliers, d'Hommes d'armes, et de tous les gens de sa maison.

Elma, inquiète, éperdue, n'avance qu'avec peine.

Rodrigue impatient, éprouvant sans cesse des mouvemens de rage et de terreur, se sépare un instant du cortège. Ils vont pénétrer dans la chapelle, lorsque Montigni paraît.

MONTIGNI.

Cet hymen ne doit pas s'achever, l'entrée du temple saint est interdite à jamais au parricide !

odrigue, tirant son épée, se précipite sur Montigni ; mais les Chevaliers qui l'accompagnent, désarment ce furieux, ils le terrassent, vont le frapper. Montigni arrête leurs bras.

MONTIGNI.

Arrêtez, chevaliers, la société ne serait pas vengée, si le paride échappait à l'arrêt que le monarque a prononcé contre i. Qu'on l'entraîne !

entraîne Rodrigue qui donne les signes les plus effrayans du délire et de l'épouvante.

théâtre représente un site, de l'aspect le plus imposant, u fond est une montagne dont le sommet touche les nues; les torrens impétueux roulent au milieu de masses énormes de rochers presque inaccessibles. De distance en disance, des cascades s'échappent en bouillonnant à travers es crevasses ; sur le plus haut de ces rochers, Philippeuguste a fait élever un monument destiné à rappeler la nort de Pierre d'Auxerre, et le crime de son fils.

SCÈNE IX.

de ces hommes dont la mission sur la terre est de prier, e consoler et de bénir, un religieux a genouillé auprès de la tombe du commandeur, adresse au ciel d'ardentes prières, le peuple, marchant en ordre, et dans un silence respectueux, se range des deux cotés du théâtre.

SCENE X.

Philippe-Auguste paraît; il est suivi d'un cortège nombreux de Chevaliers et de soldats; le Roi ordonne qu'on amène le parricide.

SCÈNE XI.

Rodrigue, enchaîné est conduit par les exécuteurs des arrêts de la justice. Au sentiment religieux qui se peignait sur tous les visages, on voit succéder une expression d'horreur, quand le parricide s'avance.

PHILIPPE, *à Rodrigue.*

Les hommes n'ont pas inventé de supplice aussi terrible que ton forfait est grand... La mort serait un bienfait que tu ne mérites pas! attaché près de ce tombeau, qui renferme le corps de ton père, tu imploreras le trépas comme une faveur du ciel; les tortures seront dans ton cœur, le remords déchirera ton âme, et chaque minute de ta vie sera marquée par un tourment nouveau; les mânes de ta victime crieront auprès de toi, et répèteront sans cesse: Parricide, l'enfer t'attend! (*Aux exécuteurs.*) Allez! qu'on l'enchaîne au pied de ce tombeau.

Rodrigue épouvanté, veut prononcer quelques mots, mais on l'entraîne sur le rocher, et les exécuteurs l'y attachent.

RODRIGUE.

Paraissez divinités infernales, réunissez toutes vos fureurs sur un parricide, c'est lui qui implore vos vengeances; frappez, entrainez-le avec vous dans l'abime qui doit le dévorer.

Rodrigue tombe expirant près du tombeau; la scène s'obscurcit; les éclairs sillonnent bientôt la nue; l'orage gronde; la foudre éclate, tous les rochers sont brisés; une nappe d'eau les remplace; celui sur lequel est placé le tombeau de Pierre d'Auxerre, surnage. L'ombre de Pierre d'Auxerre sort de la tombe.

Fin du troisième et dernier acte.

Imprimerie de HOCQUET, faubourg Montmartre, n. 4

www.ingramcontent.com/pod-product-compliance
Lightning Source LLC
Chambersburg PA
CBHW062011070426
42451CB00008BA/627